ALIÉNATION DES IMMEUBLES

PAR ACTIONS,

AVEC TIRAGE AU SORT ENTRE LES ACTIONNAIRES.

MÉMOIRE A CONSULTER

ET

CONSULTATION.

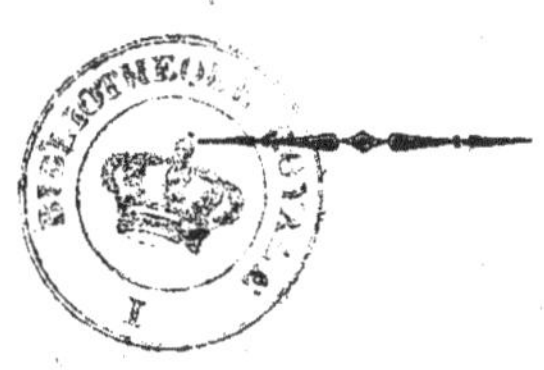

PARIS,

DE L'IMPRIMERIE DE PIHAN DELAFOREST (MORINVAL),
RUE DES BONS-ENFANS, N°. 34.

1835.

ALIÉNATION DES IMMEUBLES

PAR ACTIONS,

AVEC TIRAGE AU SORT ENTRE LES ACTIONNAIRES.

MÉMOIRE A CONSULTER.

QUESTIONS.

PREMIÈRE QUESTION. — Les aliénations d'immeubles par voie d'actions, avec tirage au sort entre les actionnaires, sont-elles aujourd'hui formellement prohibées ?

DEUXIÈME QUESTION. — La suppression de la Loterie royale n'a-t-elle pas apporté quelques modifications à la législation sur la matière ?

TROISIÈME QUESTION. — Quels sont les motifs qui, actuellement, pourraient appuyer la prohibition des ventes d'immeubles par actions avec tirage au sort, et quelles sont les causes, s'il en existe, qui feraient maintenir cette prohibition ?

QUATRIÈME QUESTION. — N'y a-t-il pas une différence à faire, eu égard à la prohibition, entre les jeux clandestins et de hasard, reconnus dangereux, et l'aliénation des immeubles par actions, si on présente pour ce mode de vente toutes les garanties réclamées par les droits des tiers ?

CINQUIÈME QUESTION. — Pour les cas où il y aurait prohibition, n'y aurait-il pas nécessité, aujourd'hui que la Loterie royale n'existe plus, de rendre aux propriétaires d'immeubles le droit, qu'on leur aurait ôté, dans la vue d'affermir l'établissement de cette Loterie, d'aliéner leurs biens par voie d'actions avec tirage au sort entre les actionnaires ?

Depuis la suppression de la loterie royale, je me suis demandé si la prohibition qui subsistait lors de l'existence de cette loterie, et qui repoussait les aliénations d'immeubles par voie d'actions et d'un tirage au sort entre actionnaires, devait être maintenue, et si, à présent qu'il n'y a plus d'intérêt de ramener vers le jeu de la loterie les capitaux qui pouvaient en être distraits, il y a nécessité, dans l'intérêt public et dans celui de la morale, d'enlever aux propriétaires d'immeubles, en France, le droit de les aliéner, en les soumettant aux chances du sort entre les actionnaires.

Après avoir étudié avec soin la matière, j'ai voulu soumettre mes vues à des hommes éclairés, dont l'opinion respectable doit me guider, et diriger le grand nombre de propriétaires fonciers qui font cause commune avec moi, dans la mesure que nous désirons faire adopter.

Si l'on pensait trouver dans le mode d'aliénation des immeubles, par actions avec tirage au sort entre les actionnaires, le rétablissement du principe des loteries, il y aurait erreur. Je dois m'empresser de démontrer que si ce mode paraît avoir quelque faible analogie avec la loterie supprimée, à cause d'un tirage au sort de quelques lots, il n'en a aucunement les véritables caractères, les vices et les dangers, et que les avantages immenses qu'il présente, et la sécurité complète qui résulte des formalités que j'indiquerai, doivent faire repousser par les esprits sages l'apparence d'un jeu de hasard qu'on serait tenté de signaler dans cette opération.

Dans la loterie on condamnait ses calculs infinis, les combinaisons inintelligibles pour la plupart des joueurs, les séductions qu'on avait su leur ménager, le principe qui donnait au gagnant l'aliment même de sa ruine, et surtout la part trop forte que s'attribuait le maître du jeu, des dépouilles des joueurs, qui, seuls, sans qu'ils s'en doutassent, pour ainsi dire, fournissaient d'abord les lots gagnans, ensuite les dix à douze millions que le trésor recueillait annuellement sans chance de perte, et enfin les frais immenses de l'administration du jeu.

D'après le système d'aliénation dont je sollicite le rétablissement (car qu'on veuille bien se rappeler que ce système a déjà été employé), les fonds fournis par les actionnaires ne seront que la représentation du prix des immeubles aliénés en leur faveur, et si les actionnaires donnent leur argent, les propriétaires fourniront les lots. Ce sera un contrat naturel et licite qui, entouré de toutes les formalités dont je demande l'application, ne devra causer aucune inquiétude aux contractans, ni leur faire courir aucun risque.

D'un autre côté, l'opération que je réclame comme une dépendance du droit de propriété, aura cet immense avantage pour la masse des propriétaires et tiers intéressés, de mêler la propriété immobilière, au mouvement journalier du commerce et de la faire entrer dans le domaine des transactions habituelles.

Qu'y a-t-il donc de condamnable dans la vente que je puis faire de mon bien à mille individus au lieu d'un seul? qu'y a-t-il aussi de blâmable dans l'association de ces mille acquéreurs, et dans leur détermination de faire décider par le sort quel sera celui qui possèdera l'immeuble appartenant à la masse commune,

Si un tirage au sort est répréhensible dans cette hypothèse, il faut alors proscrire celui qui, dans le recrutement de l'armée décide de l'avenir des hommes; il faut défendre les tirages par lesquels l'administration de la ville de Paris, et une foule d'autres établissemens, distribuent des primes considérables.

Le tirage au sort ne constitue nullement le principe condamné dans la loterie; ce qu'il faut rejeter ce sont, comme je l'ai dit, les combinaisons dangereuses qui préparent cette opération, et amènent les résultats funestes qu'on a reconnus.

La loi aussi bien que la morale ont réprouvé la loterie; mais elles ne peuvent condamner l'aliénation des immeubles par actions. Retrancher ce mode de vente serait repousser sans nécessité l'un des droits attachés à la propriété et l'occasion d'être favorable aux propriétaires ruinés par des masses inactives d'immeubles, et depuis trop long-temps criant merci et pitié. Ce serait encore évidemment nuire aux intérêts du trésor.

Nos lois et nos codes, en défendant l'établissement des loteries particulières et clandestines, n'ont certainement point eu en vue d'empêcher le mode des aliénations d'immeubles par actions et avec tirage au sort.

Qu'on examine bien le texte et l'esprit des dispositions des lois sur la matière, qu'on les rapproche de l'état actuel de la société, on verra qu'il n'y a en réalité aucune prohibition positive des transmissions d'immeubles par le moyen tout licite et exempt de danger que j'indique.

Lorsque la loterie, instituée par le gouvernement et à son profit, subsistait, pas de doute qu'on dût entourer cette création de toute la force, de tout le crédit, en un mot, de la protection exclusive qui était nécessaire à son existence. Ainsi, il fallait inévitablement proscrire toutes les institutions particulières qui, rivalisant avec elle, eussent diminué ses produits; pour protéger la loterie royale et la préserver d'une concurrence qui lui eût été funeste, il fallait sacrifier tout ce qui devait porter atteinte à ses développemens. A cet égard, et tant que la loterie du gouvernement a subsisté, on reconnaît que les lois qui l'ont créée ne pouvaient manquer de défendre le mode d'aliénation des immeubles par la voie du sort. Mais si l'opération créée par le gouvernement et à son profit n'existe plus, et quand tous les principes de justice et d'équité ne sont point blessés, quand les intérêts des tiers, loin d'être froissés, sont satisfaits et pleinement garantis, quand le trésor doit recueillir bien au-delà de ce que devait lui produire la loterie supprimée, doit-on empêcher la vente des immeubles par actions avec tirage au sort? Voilà ce qu'il me paraît impossible de résoudre par la négative.

Qu'on remarque les phases et les fluctuations par lesquelles la loterie de l'état a passé dans son origine, on verra que, pendant tout le temps que les gouvernemens n'ont pas eu à soutenir pour leur compte l'institution des loteries, on a toujours autorisé les aliénations d'immeubles par actions, et que, quelquefois même, les intérêts du gouvernement se sont confondus avec ceux de ces établissemens.

Ce qui doit faire penser que le mode d'aliénation des immeubles par actions avec tirage au sort, n'a pas été formellement prohibé, *même du temps où la loterie du gouvernement subsistait*, c'est qu'il y a eu, à plusieurs reprises, questions à juger à cet égard, et procès à soutenir. Aujourd'hui il y aurait à demander aux magistrats qui, en maintes circonstances, ont prononcé des arrêts, rendu des décisions, si n'ayant plus les mêmes considérations en vue (l'existence de la loterie royale), ils prononceraient dans le même sens, et condamneraient l'aliénation d'un immeuble par actions avec tirage au sort entre les actionnaires ; on ne peut le penser. Le souvenir des principes sur lesquels ils se sont appuyés, et les considérations qu'ils ont fait valoir, doivent convaincre qu'ils ne défendraient plus d'employer pour l'aliénation des immeubles le mode tout légal que j'indique.

Quoiqu'il soit parfaitement rationnel de penser qu'un pareil mode d'aliénation ne peut plus être interdit, néanmoins il faut bien reconnaître qu'on ne saurait prétendre à l'établissement indéterminé des aliénations d'immeubles par voie d'un tirage au sort, sans se soumettre aux mesures de sage prévoyance et d'ordre que doit exiger la haute administration.

C'est avec ces garanties, qui autrefois étaient méconnues, c'est au moyen de toutes les formalités que j'indiquerai sommairement dans la suite de cet écrit, que je crois les ventes d'immeubles par actions, licites et même nécessaires, et que j'estime qu'elles doivent être formellement autorisées, si toutefois aujourd'hui elles ne sont pas permises, ce qui doit être examiné en consultant l'état de notre législation.

Pendant de longues années, la loterie royale a été l'objet d'une protection particulière, elle a joui d'un privilége sans bornes ; dans les derniers temps encore, elle trouvait de savans défenseurs. Pourquoi donc, aujourd'hui que cette institution est anéantie, les propriétaires d'immeubles tant délaissés et toujours accablés de charges, ne mériteraient-ils pas l'appui qu'ils sollicitent ?

Depuis long-temps j'entends dire à de nombreux propriétaires qui veulent vendre : « attendez, attendez encore, un temps plus favorable viendra ; » et toujours on attend vainement, on ne voit pas se répandre en France le goût de la propriété immobilière.

Pour fixer ce goût, il faut donner aux immeubles la valeur qu'ils devraient avoir ; il faut les entourer de toutes les dispositions qui peuvent rendre les aliénations faciles, et par conséquent fréquentes ; il faut reconnaître, dans l'intérêt des propriétaires, le droit qu'on serait tenté d'affaiblir, celui de disposer de son bien comme bon lui semble, toutes les fois qu'on ne porte pas atteinte à la morale, à l'ordre public et aux droits des tiers ; il faut, enfin, faire entrer dans les transactions tous les biens qui ont une valeur réelle, et qui cependant sont aujourd'hui pour ainsi dire retranchés du commerce.

La haute administration ne peut ignorer le degré de dépréciation toujours croissant d'une masse énorme d'immeubles, elle ne peut méconnaître la souffrance des propriétaires ; elle saura remédier à ces maux en favorisant ce que la loi, ce que les règlemens ne sauraient défendre, qu'en blessant les droits attachés à la propriété.

On ne peut douter de l'attrait que l'opération que je propose aura pour les Français, puisqu'on voit nos concitoyens s'intéresser aux loteries d'immeubles organisées à l'étranger, à des combinaisons compliquées sans moyen de contrôle pour nous, et pour des immeubles situés au loin. Que sera-ce donc si l'on présente comme lots des immeubles situés chez nous et pour ainsi dire sous les yeux des actionnaires?

Qu'on ne craigne plus alors l'exportation de nos capitaux, et puisque 25 à 30 millions sortent annuellement de France, malgré la surveillance active de nombreux agens, pour entrer dans les loteries étrangères, le meilleur moyen de remédier à ce mal est de créer et de donner en France, avec l'intervention de l'autorité, ce que nos concitoyens vont chercher au loin.

Avec cette création indispensable, naîtront alors dans l'intérieur des mouvemens de fonds et d'immeubles si considérables, il en résultera de si grands avantages, qu'alors on tentera plus d'étrangers et on en fixera plus chez nous que les pays voisins ne tentent et n'attirent de capitalistes français.

D'ailleurs ce mode d'opération occupera les esprits et les détournera du désir d'aller autre part chercher des sujets de distraction et des préoccupations d'intérêt.

En 1776 la loterie royale fut créée pour diminuer les maux qu'occasionnaient les loteries étrangères et clandestines ; elle fut abolie de 1793 à 1797, et alors les aliénations d'immeubles, par voie d'un tirage au sort, revinrent tout naturellement. Ainsi, le projet que je soumets en ce moment à l'examen des esprits réfléchis, a déjà en sa faveur l'autorité d'un fait accompli, c'est donc une expérience déjà acquise. Quant à la loterie du gouvernement si elle fut reconstituée plus tard, ce fut comme un mal nécessaire, et toujours pour résister à l'influence des loteries établies hors de France.

Que la loi soit positive, que la morale réclame contre l'existence des jeux clandestins et de hasard, contre les loteries d'argent, cela se conçoit, parce qu'il ne serait guère possible d'opposer des mesures d'ordre aux actes cachés de la mauvaise foi que ces jeux font naître ; mais qu'à l'égard des aliénations publiques d'immeubles par actions, qui loin de porter le moindre préjudice à qui que ce soit, opèrent de grands biens, donnent d'immenses avantages, on veuille prétendre que la loi et la jurisprudence soient positivement contraires, on ne peut admettre cette opinion, et je laisse aux avocats que je consulte, le soin d'expliquer à cet égard le sens et l'esprit des lois qui régissent la matière.

Le mode d'aliénation qui m'occupe dans ce moment, dont tout possesseur d'immeubles, ayant une valeur réelle, devra profiter, est avantageux pour tout le monde, c'est ce que je vais démontrer.

1o. Pour les propriétaires.

Les propriétaires y trouveront un avantage immense. Combien en est-il, en effet, qui ne peuvent rencontrer d'acquéreurs, soit en raison de l'importance de leurs propriétés, soit par des causes qui ne tiennent ni à la nature, ni à la valeur réelle des biens.

Il en est qui, subissant la loi que leur impose ce défaut d'acquéreurs, vont céder à vil prix ce qui leur a coûté fort cher, et ce qui cependant est d'une valeur bien positive.

Combien est-il de créanciers légitimes qui, faute d'un placement utile de l'immeuble qu'ils ont pour gage, courent trop souvent le risque de perdre leur fortune.

Combien ne s'est-il pas présenté de circonstances où, par suite de ventes inopportunes ou forcées, propriétaires aussi bien que créanciers n'ont vu s'opérer ces ventes que pour acquitter des frais dispendieux et enrichir un acquéreur au préjudice de tous les intéressés.

Le défaut de moyens de transmission pour les immeubles a été cause de tant de ruines, et en cause encore tant, qu'on ne saurait trop encourager les institutions qui tendent à faciliter les mutations de biens de cette nature.

Aucun danger, aucun motif d'éloignement, ne peuvent être signalés pour repousser avec justice le mode d'aliénation réclamé, et si on pouvait en découvrir un seul, il y aurait nécessité d'y remédier, afin de profiter des immenses avantages qui doivent résulter de ce mode, et par conséquent d'un commerce actif et rapide des biens immobiliers.

Pour la cinquième partie des biens de cette nature en France, on demande, on cherche, on ne peut obtenir des moyens utiles d'aliénation. Celui que je signale, en rejetant tout immeuble sans valeur, saura faire sortir de leur état de nullité les biens reconnus d'un prix réel.

Tous les biens immeubles, ceux même qui, pour être vendus, n'auront pas besoin du secours de l'opération que je propose, gagneront bientôt une plus-value importante par la raison que, plus il y aura de mouvemens dans cette nature de biens, plus chaque partie sera recherchée. D'ailleurs cette opération en augmentant le nombre des acquéreurs, en apportant une concurrence permanente, aura une influence active sur les déterminations de riches amateurs, dans les transactions particulières.

Ce même mode de vente et la seule faculté pour tout propriétaire d'en user, en donnant au possesseur un droit de plus, en attachant à la propriété un nouvel avantage, en augmentera sans contredit le prix.

Il faut le dire hautement : empêcher ce mode utile de transmission sera nuire sans objet au droit naturel attaché à la propriété; l'autoriser ouvertement, l'encourager, sera donner la vie à des masses de biens qui doivent attirer l'attention et l'intérêt de la haute administration.

2°. Pour les porteurs d'actions.

Considérant maintenant l'intérêt des porteurs d'actions, on peut dire de même qu'il y aura avantage pour eux dans la création d'un mode de placement d'actions sur immeubles. Ceux d'entre eux qu'une foi aveugle dans les chances du hasard entraîne irrésistiblement vers les calculs aventureux du tirage au sort, y trouveront un moyen utile pour satisfaire leur goût en même temps qu'il sera sans péril.

On ne peut se le dissimuler ; il faut et il faudra encore long-temps en France un aliment au goût du jeu. Mais on peut, dès aujourd'hui, ennoblir et perfectionner ce goût, en le faisant porter dorénavant sur des opérations du genre de celles que je propose. Le petit et le grand capitalistes, tournant leurs regards vers ce moyen licite d'acquérir, seront distraits du besoin que plusieurs d'entre-eux ont encore de jeux qui, tôt ou tard, leur deviennent funestes.

Il y a une différence sensible à faire entre les porteurs d'actions dans les ventes d'immeubles et les joueurs à la loterie. Ceux-ci contractaient une habitude du jeu par le renouvellement trop fréquent des tirages, par la modicité des mises, par l'appât des lots calculés à l'infini, par des gains qui, en général, ne restaient pas long-temps dans leurs mains, et qui bientôt retournaient au gouffre d'où ils étaient échappés.

Le porteur d'action des ventes d'immeubles opérera toujours avec des vues d'ordre et de père de famille ; il ne songera que rarement à l'opération, puisque le tirage n'aura lieu que tous les ans, et que même il pourra être prorogé.

Le prix des actions étant fixe et au-dessus des faibles mises de la loterie, les actions ne pourront être acquises par le pauvre ; et si l'ouvrier et l'artisan veulent tenter la fortune, ils sauront, sans effort de calculs, quelles chances ils auront à courir, quelle somme déterminée ils auront à débourser pour devenir propriétaires, éventuellement d'abord, et ensuite peut-être définitivement, de l'immeuble qu'ils connaissent, qu'ils voient et qu'ils sont à même d'apprécier.

On ne peut soutenir sans doute que des vues d'économie auront toujours guidé ceux qui prendront des actions de vente d'immeubles ; mais on ne saurait refuser de reconnaître que l'acquisition d'une action, donnant droit à une masse d'immeubles, sera plutôt un emploi utile de fonds qu'un acte de dérèglement de la part de celui qui le fera.

Le titre, quoique incertain, de propriétaire donne à l'actionnaire par avance le goût de l'ordre, et l'esprit de stabilité distinguera toujours ces actionnaires ; tandis que le besoin du jeu tourmente sans cesse celui qui a la passion de la loterie. C'est au grand jour, avec satisfaction de lui-même, que l'actionnaire des ventes d'immeubles montrera son titre ; c'est avec mystère et tout honteux que le joueur à la loterie demande et cache le sien.

3°. Pour le trésor public.

L'intérêt du trésor est évident outre l'avantage d'une cause toute loyale, pour le recouvrement des droits à percevoir. Ces droits dépasseront de beaucoup les bénéfices que procurait la loterie maintenant abolie.

L'institution que je propose donnera lieu à une immensité de droits d'enregistrement pour transmissions et doubles mutations d'immeubles, qui, sans cette institution, seraient restés hors des transactions. Il y aura dès-lors ouverture à des droits de timbre, de transcription, de dépôt de greffe, à des actions acquises par déchéances et prescriptions, à des réalisations d'actes à l'infini.

Les dispositions, résultant de l'opération primitive, seront d'abord la source de perceptions qui, opérées annuellement, feront entrer dans le trésor une masse énorme de droits.

Ensuite, et une fois sortis des mains des propriétaires inhabiles ou malheureux, pour entrer, à des conditions favorables, dans d'autres mains, il n'est pas un immeuble qui, en peu de temps, ne devienne l'objet de plusieurs opérations, et ne produise, par suite d'autres mutations successives de division et d'arrangement, de nouveaux droits importans.

Si la suppression de la loterie a enlevé à l'Etat un produit annuel de dix millions, qu'on ne cessait de critiquer, attendu son origine, le mode d'aliénation que je signale viendra, par des perceptions exemptes de reproches, doubler ce produit supprimé, et augmenter le budget des recettes de chaque année d'un recouvrement important.

4°. Pour les intérêts privés.

Les mesures que réclament le bon ordre et la conservation des droits de chacun, nécessiteront d'abord l'intervention des délégués et des commissaires de la haute administration qui, toujours, aura une surveillance active à exercer. Ensuite l'organisation d'une direction toute distincte, agissant dans le sens et suivant les principes que je développerai, devra amener la composition d'un personnel nombreux, en telle sorte que des employés et leurs familles trouveront, dans cette organisation indispensable, des moyens d'existence que ne peut plus leur donner la loterie supprimée.

RÉFUTATION DE DIVERSES OBJECTIONS FAITES CONTRE LES VENTES D'IMMEUBLES PAR ACTIONS.

Des partisans de la loterie détruite, et, par conséquent, des adversaires des aliénations d'immeubles par actions, ont voulu repousser ce mode de vente en créant à plaisir des difficultés, en proposant de futiles objections. Quelques personnes ont pu se laisser surprendre par des argumens spécieux en apparence, et de là est né chez elles, tout effrayées qu'elles étaient au seul mot de *loterie d'immeubles*, un éloignement que les bons esprits condamnent comme funeste à tous les intérêts.

Parmi les difficultés et les objections présentées avec une apparence de gravité, on remarque l'article inséré dans le *Répertoire* de M. Favard de Langlade (1).

Il s'agissait d'examiner s'il y avait lieu d'autoriser les ventes d'immeubles par actions. Sur cette grave question de haute administration, l'auteur de l'article s'exprime ainsi :

« Ne faudrait-il pas régler, examiner les combinaisons de chacune de » ces loteries d'immeubles, surveiller leurs relations avec le public, vé» rifier les qualités et l'état civil des vendeurs, l'origine, les titres de » propriétés, les charges, les servitudes, les hypothèques légales et ju» diciaires, prévenir les estimations exorbitantes, une émission illicite » de billets, leur falsification vraie ou prétendue, l'enlèvement des fonds, » assurer les droits des créanciers, ceux des porteurs de billets, contre » la mauvaise foi ou les regrets du vendeur, et, dans le cas de son dé» cès, de ses héritiers ; voilà, ajoute cet article, si les loteries d'immeu» bles étaient permises, ce que le Code eût prévu, et ce que l'adminis» tration aurait à suppléer ; car si l'on autorisait de semblables loteries, » il serait impossible de les laisser sans règle et sans frein : il faudrait » ajouter au Code un chapitre entier. »

Il est facile d'apercevoir que l'auteur de l'article que je viens de transcrire voulait sacrifier à l'existence de la loterie du gouvernement toutes les considérations qui pouvaient militer en faveur de la propriété immobilière. Je crois pouvoir démontrer, en m'appuyant des dispositions de nos lois, et en proposant quelques mesures de sécurité, qu'il n'est pas difficile, aujourd'hui surtout que la loterie royale est supprimée, d'accueillir les réclamations des propriétaires d'immeubles. Il n'est pas une des objections présentées, ou qu'on serait tenté de présenter encore, qu'on ne puisse détruire.

Comme on a cherché dans l'article transcrit à accumuler tout ce qui

(1) Cet article n'est pas de M. Favard de Langlade. Un ancien chef de division du trésor, qui avait mission de défendre la loterie royale, en est l'auteur.

pouvait être dit contre le système d'aliénation d'immeubles par actions, je vais suivre pas à pas l'auteur de cet article, et le réfuter, en commençant par soutenir que le mode d'aliénation réclamé par tous les propriétaires d'immeubles est improprement appelé *loterie*.

§. Ier.

Ne faudrait-il pas régler, examiner les combinaisons de chaque loterie *d'immeubles, et surveiller leurs relations avec le public.*

Pas de doute que s'il était permis à chaque propriétaire, indistinctement et sans restriction aucune, de mettre en vente, par voie de tirage au sort, ses immeubles; pas de doute qu'il n'y eût à examiner les dispositions de chacune de ces ventes, les conditions que chaque propriétaire apporterait; et, par conséquent, pas de doute qu'il n'y eût à se jeter dans une multitude de combinaisons telles qu'il y aurait impossibilité de surveiller les relations avec le public, surtout si chaque loterie avait une marche et des moyens d'exécution différens. Si l'on entendait une organisation de cette sorte, il serait impossible de résister à une pareille confusion. Or, comment a-t-il pu entrer dans la pensée d'un administrateur que ce serait dans ce sens compliqué qu'on entendrait donner aux propriétaires d'immeubles la faculté d'user d'un droit qui leur appartient.

Les ventes par actions, accidentelles, isolées, ne peuvent présenter aucune garantie.

Loin d'opérer ainsi, loin qu'il y ait confusion et multiplicité dans les dispositions à suivre, il faut qu'il y ait unité d'action et uniformité dans les mesures; il faut une direction partant d'un seul point.

Pour arriver à ce résultat, je présente un plan d'opération qui répond à toutes les objections; les principales dispositions en seront ci-après analysées.

Tous les propriétaires d'immeubles en France doivent avoir un même droit, parce qu'aucune préférence, aucun privilége ne peuvent être établis; mais pour cela il n'est pas nécessaire que chacun agisse isolément et entièrement à sa volonté, sans règle, sans mesure uniforme. Le principe qui veut que chacun jouisse des mêmes avantages ne peut faire obstacle à ce que chacun se renferme dans des stipulations communes.

Pour l'opération que je propose dans l'intérêt de tous les propriétaires d'immeubles, j'établis un centre unique, je crée une administration uniforme pour tous, régie par un règlement d'administration publique, auquel réglement chacun des propriétaires qui voudra mettre ses immeubles en vente par actions est tenu de se conformer.

Cette administration dirige seule toutes les opérations d'après ce règlement qui est sa loi.

On verra tout-à-l'heure que toutes les dispositions suivies doivent éloigner toute idée d'isolement et de combinaisons détachées; que l'opération doit être consommée par masses.

§ II.

Ne faudrait-il pas vérifier les qualités et l'état civil des vendeurs, l'origine, les titres des propriétés, les charges, les servitudes, les hypothèques légales et judiciaires.

Toutes ces dispositions sont prévues par la seule pensée qu'il faut qu'un immeuble, gagné comme lot, arrive dans les mains du porteur de l'action gagnante, comme si cet actionnaire était acquéreur direct et comme s'il payait tout le prix de l'immeuble gagné par lui de ses deniers personnels.

Cette pensée, qui domine toutes les dispositions suivies dans l'opération, me porte à anticiper sur les objections présentées dans l'article auquel je reponds, et à exposer dès à présent la marche d'une partie de l'opération.

Un propriétaire d'immeuble se présente pour vendre sa propriété par actions avec tirage au sort entre les actionnaires;

Il fait déposer ses titres par un notaire qui a rédigé l'établissement de propriété;

Le tout est examiné par le conseil de l'administration.

Si cette propriété est régulièrement établie et constatée, on fait procéder à l'estimation, à frais communs si l'estimation est agréée, et aux frais du propriétaire, si l'estimation ne lui convient pas.

Après l'estimation le propriétaire passe la vente de l'immeuble aux noms 1o. du directeur de l'administration, et 2°. du commissaire du Roi, qui accepteront cette vente, pour et aux noms du porteur ou des porteurs des actions gagnantes.

Cette vente est ainsi opérée immédiatement, et de cette manière je réponds victorieusement à cette objection plus sérieuse, qu'entre le consentement donné par le propriétaire à la vente de son immeuble et la délivrance réelle au profit du porteur de l'action gagnante, il pourrait y avoir révocation, regrets, ou acte de mauvaise foi de la part du vendeur ou de ses représentans.

D'ailleurs on a dû vouloir que la propriété de l'immeuble ne restât pas un seul instant incertaine, et c'est pour cette cause que je stipule que l'administration qui représente les actionnaires sera immédiatement et incommutablement saisie de la propriété pour et au nom du porteur de l'action gagnante. Ainsi disparaîtront tous les doutes sur la fixité de la propriété et toute incertitude relativement au changement de volonté de la part du vendeur.

Cette vente à l'instant faite est suivie de toutes les formalités nécessaires pour purger l'immeuble vendu, de toutes les hypothèques conventionnelles, légales et judiciaires dont il pourrait être grevé, de manière à ce que cet immeuble entre dans les mains du porteur de l'action gagnante purgé et libre de toutes hypothèques.

§ III.

Ne faudrait-il pas prévenir les estimations exorbitantes ?

Ce point a dû être prévu comme tous les autres nécessaires à l'exécution franche et loyale des engagemens à prendre vis-à-vis des actionnaires.

Avant la vente d'un immeuble il y aura toujours estimation contradictoire et par experts nommés, savoir, l'un par le propriétaire de l'immeuble, l'autre par le commissaire du Roi et le directeur de l'administration, ou par l'un d'eux.

En cas de dissentiment entre les deux experts, un troisième est nommé par le président du tribunal de première instance de l'arrondissement dans lequel l'immeuble est situé.

L'estimation ainsi régulièrement opérée, chaque actionnaire pourra en avoir connaissance et se convaincre, par le nombre des actions créées, que jamais il n'y aura exagération ni évaluation exorbitante.

§ IV.

Ne faudrait-il pas prévenir une émission illicite de billets, leur falsification vraie ou prétendue ?

Si la fixation du nombre des billets, leur forme, le mode à suivre pour leur conservation et leur délivrance étaient abandonnés à des parties intéressées non surveillées, on pourrait supposer et craindre des actes de mauvaise foi, une émission illicite, la falsification vraie ou prétendue de ces actions ; mais dès que la direction d'une opération aussi délicate est confiée à des hommes choisis par la haute administration, et qui sont eux-mêmes institués en administration pour ainsi dire publique, à des hommes obligés de fournir des garanties pour raison de leur gestion, lorsqu'un représentant de l'administration supérieure intervient pour régler avec des fonctionnaires responsables ; toutes les mesures d'ordre et de garantie, lorsqu'il y a autorisation donnée aux intéressés réunis en nombre suffisant, de vérifier l'exécution des statuts, lorsque la publicité est là pour appeler le blâme sur toute faute ou manœuvre coupable, doit-on craindre les actes de mauvaise foi supposés par l'auteur des objections que je réfute ? Non sans doute, et ces objections ont d'autant moins de force que la loterie royale, à laquelle on aurait pu les appliquer, n'a pas vu ses billets être falsifiés, c'est donc un genre de danger tout-à-fait imaginaire.

§. V.

Ne faudrait-il pas prévenir l'enlèvement des fonds, assurer les droits des créanciers, ceux des porteurs de billets contre la mauvaise foi ou les regrets du vendeur, et, dans le cas de son décès, de ses héritiers?

Je répondrai à ces réflexions comme à celles exprimées sous le paragraphe précédent ; et pour en démontrer le peu d'importance, je n'aurai qu'à continuer d'expliquer comment on opérera pour la garantie de tous les intéressés.

Les fonds provenant des actions et destinés au paiement du prix des immeubles aliénés, seront déposés au fur et à mesure de leur recouvrement, et lorsqu'il y aura en caisse une somme égale au tiers du cautionnement du directeur responsable, à la caisse des dépôts et consignations au compte ouvert à chaque propriétaire vendeur.

Il n'y aura pas de comptable sans cautionnement.

Les fonds ainsi versés ne seront touchés par le vendeur de l'immeuble ou les ayant-droits, qu'en présence du directeur de l'administration et du commissaire du roi, et qu'après que toutes les formalités relatives à la vente auront été accomplies, de manière à ce que le propriétaire de l'action gagnant soit considéré comme acquéreur payant ce prix de ses deniers personnels.

De cette sorte les droits des créanciers, ceux des porteurs de billets seront suffisamment garantis; et l'on a déjà vu, paragraphe II ci-dessus, que ces mêmes droits l'étaient aussi complètement contre la mauvaise foi ou les regrets du vendeur et de ses héritiers.

Le code n'a pas dû prescrire des dispositions particulières pour les aliénations d'immeubles par voie d'actions, et l'auteur des objections réfutées a tort de vouloir une loi expresse, ou l'addition d'un chapitre particulier au code civil pour ce mode de transmission des immeubles; ces aliénations rentrent dans la catégorie de toutes les ventes, les prescriptions de la loi sont positives, et pour tout vendeur comme pour tout acquéreur, il y a à suivre les mêmes dispositions. Seulement on ne peut laisser les aliénations par voie d'actions et de tirage au sort, sans règle et sans frein, et par un règlement d'administration publique, fondé sur une ordonnance royale ou même s'il le fallait sur une disposition législative, on doit prescrire la marche à suivre, afin de prévenir les erreurs ou les fraudes.

En répondant aux objections ci-dessus, je n'ai fait qu'indiquer sommairement le système que j'entends proposer, je veux donc ajouter à celles que j'ai déjà fait connaître, les dispositions principales des statuts qui doivent régir l'administration dont je demande l'établissement, afin qu'on soit à même de juger s'il y a ou non sécurité pour tous les intéressés, et qu'on ne vienne plus, par de futiles difficultés, enlever aux propriétaires un droit attaché à leur titre et priver une grande masse d'intéressés d'avantages importans.

PRINCIPALES DISPOSITIONS DES STATUTS.

No. 1er. Création et définition d'une administration spéciale qui dévra être autorisée, d'après un règlement d'administration publique, à opérer comme intermédiaire entre les propriétaires d'immeubles et ceux qui prendront des actions.

Tout propriétaire qui voudra aliéner son immeuble, d'après ce mode, devra avoir recours à cette administration instituée comme centre et seul point de réunion.

No. 2. Un délégué du gouvernement ou commissaire du roi sera attaché à cette administration pour surveiller toutes les opérations et en rendre compte à l'autorité compétente.

Le directeur et les agens comptables sont tenus à des cautionnemens, pour garantie de leur gestion.

No. 3. Une seule opération est mise à fin chaque année, quoique des tirages successifs par série soient opérés pour réaliser l'aliénation d'un seul immeuble, ou d'une masse d'immeubles.

No. 4. Il ne pourra être procédé à aucun tirage si les immeubles mis en vente ne représentent pas une masse d'immeubles d'une valeur d'au moins deux millions.

On aura le droit de clore les opérations d'une année après la formation d'une masse de dix millions; l'administration aura la faculté d'opérer pour une valeur supérieure, pourvu qu'elle se renferme dans les délais qui vont être prescrits.

No. 5. A l'ouverture des opérations, un délai est fixé pour l'inscription des immeubles à aliéner dans un laps de temps donné ou dans un exercice portant le titre de l'année dans le cours de laquelle la masse des immeubles à aliéner est close.

Aussitôt l'inscription, les titres de propriété de l'immeuble inscrit seront déposés par le notaire du propriétaire, avec l'indication de la propriété résultant des titres.

En même temps est aussi déposé le consentement du propriétaire, 1o, à l'aliénation par voie d'action et de tirage au sort de son immeuble, et 2°. à ce qu'il soit procédé à l'estimation contradictoire dont les frais seront avancés par le propriétaire.

Un conseil du contentieux est chargé de l'examen de ces titres, et donne son avis avant qu'il soit procédé à l'estimation.

N°. 6. L'estimation contradictoire est opérée dans le sens ci-devant expliqué.

Les procès-verbaux d'expertise sont rapportés pour être joints aux titres de propriété.

N°. 7. Avant la vente de l'immeuble, d'après les dispositions qui vont être prescrites (n°. 8 ci-après), le propriétaire approuvera les évaluations, ou aura la faculté de retirer son immeuble; dans ce cas, il paiera seul tous les frais.

N°. 8. Après que les évaluations auront été approuvées, le propriétaire doit être dessaisi de l'immeuble, et la vente en est faite au profit du porteur du billet gagnant; ce qui est accepté pour ce dernier par le directeur de l'administration et le commissaire du Roi.

La vente est opérée avec réserve des fruits et revenus de l'immeuble, au profit du propriétaire, jusqu'à l'époque ci-après fixée de l'exigibilité du prix.

Nota. On sollicitera de l'autorité le délai de trois mois, à compter de l'ouverture de la délivrance des actions, pour l'acquit du droit proportionnel de mutation des immeubles; jusque-là la vente serait enregistrée au droit fixe.

N°. 9. Aussitôt après cette vente opérée par contrat passé devant le notaire de l'administration et celui du propriétaire vendeur, les formalités seront remplies, afin de purger l'immeuble de toutes hypothèques et inscriptions conventionnelles, judiciaires et légales, dont l'immeuble pourrait être grevé. Ce n'est qu'après l'entier accomplissement de ces formalités que l'immeuble sera publié comme faisant partie de la masse appartenant aux actionnaires de l'année et du tirage au sort de cette même année.

N°. 10. La présentation de l'immeuble, son estimation, la vente qui en est faite, et les formalités à accomplir sur cette vente, devront être mises à fin dans un délai de six mois.

Faute de l'entier accomplissement de ces dispositions dans ce délai, l'immeuble sera reporté au tirage au sort de l'année suivante.

Après l'expiration de ces six mois, un délai sera donné à l'administration pour préparer l'opération de la délivrance des actions.

Cette délivrance sera opérée dans un laps de temps de quatre mois. Cependant, en cas d'insuffisance de ce temps, le directeur et le commissaire du roi demanderont des délais qui ne pourront être accordés que par décision du ministre des finances.

N°. 11. Les tirages au sort pour la masse des immeubles d'une année porteront toujours l'indication de l'année, dans laquelle les immeubles auront été publiés, quoique ces tirages soient opérés dans une année suivante.

N°. 12. Chaque immeuble formera un lot ou entrera dans la composition d'un lot dont la valeur ne pourra être moindre de vingt mille francs.

Les immeubles qui en seront susceptibles seront divisés par lots.

En cas d'indivision un immeuble pourra faire l'objet de plusieurs lots, et alors les possesseurs de ces lots deviendront propriétaires en commun de l'immeuble pour en traiter, le partager ou le vendre par licitation entre eux, comme ils l'entendront.

L'indivision ne pourra subsister entre plus de dix actions gagnantes, ou dix propriétaires d'un seul immeuble.

N°. 13. A la valeur ou estimation d'un immeuble à vendre par actions on ajoutera une plus-value distincte et séparée, afin de subvenir, avec cette portion, à tous droits, frais, faux frais, commission, paiemens de garantie et d'assurance, dépenses de toute nature pour la délivrance de toutes actions et pour faire arriver l'immeuble franc et quitte de tous droits et frais dans les mains de l'actionnaire gagnant.

Un tarif sera arrêté pour les frais et commissions fixes.

N°. 14. La valeur de l'immeuble, d'après les estimations et le montant de la plus value, pour frais et commissions, sera représentée par une valeur égale en actions, sans qu'il y ait jamais lieu d'excéder.

N°. 15. Chaque action sera de la valeur de 20 francs.

Il y aura une allocation ou prime d'une action à l'actionnaire qui en prendra un certain nombre à fixer.

N°. 16. Il sera établi des registres à souches particuliers à chaque tirage.

Tous les registres seront cotés et paraphés par le directeur et le commissaire du Roi, et déposés entre les mains d'agens responsables.

Chaque action sera timbrée, griffée des noms du directeur et du commissaire du Roi, et confectionnée de manière à éviter la contrefaçon, et signée de l'agent qui en fera la délivrance; elle sera détachée du registre à souche, en présence de celui qui en paiera ou en garantira au même instant la valeur.

N°. 17. La portion du prix des actions représentant la valeur des immeubles revenant au propriétaire, sera déposée à la caisse des dépôts et consignations, au compte ouvert à l'administration des ventes d'immeubles et à celui des propriétaires des biens vendus.

Le directeur sera tenu de faire opérer les versemens aussitôt qu'il aura été reçu pour le compte des propriétaires d'immeubles une somme de trente mille francs.

N°. 18. Il y aura plusieurs séries de numéros, plusieurs tirages seront effectués pour la même opération de chaque année, suivant l'importance de la valeur des immeubles mis en vente dans cette même année.

Les tirages seront publics et opérés en présence du directeur et du commissaire du Roi, et d'un délégué spécial de l'autorité.

N°. 19. Aussitôt que le tirage de la dernière série, ou dernier tirage applicable à une année, est opéré, connaissance publique est donnée des actions gagnantes, et un mois après le dernier tirage, les prix déposés à la caisse des dépôts et consignations deviennent exigibles, et sont mis à la disposition des ayant-droits.

Aussitôt la publication faite à trois jours successifs dans trois journaux de Paris, les porteurs d'actions gagnantes doivent se présenter avec leur notaire au jour fixé par le directeur et le commissaire du Roi, à la caisse des consignations, pour être présens au paiement du prix des immeubles qu'ils ont gagnés.

Après l'accomplissement de cette formalité, ils sont mis en possession des immeubles par le directeur et le commissaire du Roi.

Les prix déposés sont reçus par les ayant-droit, toujours en présence du directeur et du commissaire du Roi, stipulant au besoin pour les porteurs d'actions gagnantes en cas d'absence de ceux-ci.

Les quittances notariées indiqueront toutes les formalités observées.

Les actions gagnantes seront représentées et demeureront annexées aux quittances des prix des immeubles qui y auront rapport.

No. 20. Dans le cas où des actions gagnantes ne seraient pas représentées, l'immeuble gagné par le possesseur absent sera administré pour son compte par le directeur de l'administration, moyennant une remise déterminée par le Président du tribunal de première instance du département de la Seine.

No. 21. Si la propriété gagnée est une propriété indivise, la licitation en sera poursuivie avec le directeur et le commissaire du Roi représentant le propriétaire absent, et le prix ou la portion du prix revenant par suite de la licitation, ainsi que tous les fruits et revenus perçus seront employés pour le compte du propriétaire absent en achats de rentes sur l'état.

No. 22. Après le délai de dix ans, à compter du tirage au sort, la prescription sera encourue au profit du domaine public qui aura droit à tout ce qu'aurait réclamé le porteur de l'action gagnante.

No. 23. Lorsque le porteur de cette action se présentera et qu'il en fera la remise, il sera tenu d'acquitter tous les frais auxquels auront donné lieu la gestion et les formalités causées par l'absence; l'immeuble gagné ou la somme revenant au propriétaire absent seront passibles de ces frais.

NOTA. D'autres dispositions sont à ajouter aux dispositions principales qui viennent d'être indiquées; elles seront énoncées, soit aux règlemens d'administration publique, soit aux statuts de l'administration : il est inutile de faire connaître ici de simples mesures d'ordre et de détail.

L'opération que je propose mérite la plus sérieuse attention : les services qu'elle doit rendre, les avantages immenses qu'elle doit produire militent en sa faveur.

Les progrès des lumières, l'esprit d'ordre et les institutions qui ont amélioré les mœurs, ont fait disparaître le jeu de la loterie. Ce même esprit, ces mêmes institutions, exigent la restitution du principe qui doit donner à la propriété tous les droits nés avec elle, et par conséquent celui de pouvoir être aliénée, d'après le mode que j'indique.

Si je me suis longuement expliqué, c'est afin de ne rien laisser dans le vague, et mieux prouver que le principe que j'ai établi peut être réalisé malgré les objections présentées, objections dénuées de tout fondement et qui doivent donc aujourd'hui disparaître devant l'utilité et la légalité de ce principe.

J'appelle l'attention des avocats dont je sollicite les avis sur la solution des questions que j'ai présentées au début de cet écrit. En traitant ces questions, on examinera les modifications établies par la législation et par la jurisprudence sur la matière, et l'on fixera quel doit être leur état actuel en raison de l'anéantissement de la loterie royale.

La solution de ces questions devra me servir de guide dans le début de l'opération que je veux entreprendre pour mon compte personnel, et celui de la masse des propriétaires qui entendent faire cause commune avec moi.

Cette solution me dira, s'il y a autorisation suffisante résultant de l'état actuel de la législation en vigueur, ou s'il y a nécessité de réclamer soit un règlement d'administration publique homologué, comme acte de haute administration, par ordonnance royale ; soit un règlement, appuyé sur une nouvelle disposition législative.

Dans tous les cas il y a lieu pour opérer avec ordre et sécurité, dans l'intérêt de tous, de solliciter l'appui de la haute administration. Je demande cet appui.

CRONIER,

Propriétaire.

(*Voir ci-après la* CONSULTATION.)

www.ingramcontent.com/pod-product-compliance
Lightning Source LLC
LaVergne TN
LVHW020501230826
846091LV00008BA/3309

* 9 7 8 2 0 1 9 2 3 6 6 4 9 *